心地よく暮らす インテリアの 小さなアイデア 109

下田結花

講談社

はじめに――

心地よい空間があれば、
一杯のお茶で幸せになれる

　ずっと雑誌という紙媒体で、編集の仕事をして
きました。「モダンリビング」の編集長になってか
らは、企画して取材して撮影して掲載するまで、
数ヵ月かかることもありました。密度と完成度の
高い紙媒体はとても好きですし、形として残るも
のですが、それだけに企画にできることは限られ
ています。自分が今感じていること、日々の暮ら
しの中の小さなことをお伝えしたい、と思うよう
になった頃、「ヴァンテーヌ」時代の同僚だった大
草直子さんと大森葉子さんから、新しいウェブマ
ガジン「ミモレ」にインテリアのコラムを書いて
みませんか、というお誘いをいただきました。日
常のちょっとしたことを書いていた私のFacebook
を見てくださったのです。私たち、本当におもし
ろい時代に生きている、と思います。

　仕事柄、イギリスやイタリア、北欧の暮らしぶ
りを取材する機会も多かったのですが、日本の
「暮らし」に対する優先順位は、まだ「衣食住」か
ら変わっていないのではないでしょうか？　私た

ちが「幸せ」を実感できないとしたら、それは「暮らし」が満たされていないからではないか、と思うのです。

「幸せ」は瞬間の積み重ねです。気持ちいい、心地いい、楽しい、美しい——そう感じられる瞬間が暮らしの中にどれだけあるか。そのためには、空間やインテリアの役割はとても大きいのです。例えば、私の幸せな瞬間の一つは、爽やかな晴れた日、緑に囲まれた自宅の小さなベランダでお茶をするとき。本当にささやかなことなのです。

iPhoneで自分で撮った写真と小さなアイデアを1年以上コラムに書き続けているうちに、この本ができました。書籍編集部の相場美香さんとデザイナーの若山嘉代子さんが、愛らしい一冊に仕上げてくださいました。

この中のいくつかが、あなたの日々のインテリアのヒントになることを心から願って。

下田結花（モダンリビング・パブリッシャー）

CONTENTS

はじめに　2

PART 1 Winter to Spring

1　グリーンは最も美しく見える場所に　10

2　カップとソーサーは色を揃えない　12

3　キッチンには木の色を集める　14

4　果物にはミントをたくさん！　16

5　カーテンは麻布とカーテンクリップで　18

6　お気に入りの器は「お揃い」で　20

7　緑はたっぷり、花は少し　22

8　1分でできるベッドメーキング　24

9　フレンチトーストをドレスアップ！　26

10　ローズマリーでハーブバス　28

11　忙しいときこそ、お弁当！　30

12　照明はいちばん簡単な「模様替え」　32

13　花だけでなく小物も一緒に飾る　34

14　カップで直接ミントティー　36

15　グラスは同じ形を色違いで　38

16　理由のない小さな贈り物　40

17　自分を甘やかす「仕掛け」をつくる　42

18　花は生きているインテリア　44

19　清潔と心ばえ　46

20　端正に勝る美はない　48

21　プラスチックでも例外はある　50

22 サイドテーブルは小さくていい　52

23 本は置き方で美しくなる　54

24 シンプルで豊かな食卓とは　56

25 終わりのチューリップ　58

もっと小さなアイデア KITCHEN & FOOD

26 キッチンには「小さな緑」　60

27 おもてなしの形　60

28 マグカップも蓋があれば……　60

29 パンの袋をそのまま食卓へ　61

30 ハーブティーと和菓子、意外な美味しさ！　61

31 暑いときには、熱いお茶　61

32 水差しをワインのカラフェに　62

33 ストウブの鍋には小さな「鍋つかみ」　62

34 手作りの常備菜には手書きのラベル　62

PART 2 Spring to Summer

35 室内のハーブガーデン　64

36 鉢カバーは新聞紙と麻紐　66

37 手紙は「その人を思う時間」の集積　68

38 浮き花にしませんか？　70

39 「花を贈る」ということ　72

40 日よけは、麻のシーツと洗濯ばさみ　74

41 天気のいい休日はベランダで　76

42 ピッチャーとミントで「美味しい水」　78

43 ちょっと大人な自家製レモネード　80

44 「アペリティーボ」しませんか？　82

45 あえて「ゆっくり」の時間をつくる　84

46 鉢植えの緑は大きなものを少し　86

47 空間の印象は床で変わる！　88

48 インテリアは「3つ」あると塊になる　90

49 ローズマリーのナプキンリング　92

50 スツールの活躍ぶりといったら！　94

51 布の命を使い切る　96

52 美しさは機能に従う　98

53 窓辺に緑のカーテン　100

54 形を変えると「よそゆき」になる　102

55 家電もコーディネイト　104

56 「見えないところ」も美しく　106

57 キッチンで美しいものを使う理由　108

58 飾るのではなく、実用のものを置く　110

59 夏の味覚、いちばんの贅沢　112

もっと小さなアイデア INTERIOR&LIFE-STYLE

60 たわしをソープディッシュに　114

61 本の「ブックエンド」　114

62 グラスをスピーカーに　114

63 外のご飯は「簡単、美味しい、たくさん」がいちばん　115

64 小さなものは手作りする　115

65 5月、ソファも衣替え！　115

66 夏の飾りは涼しく、簡単に　116

67 白い花を白い器にたっぷりと　116

68 「見せない」工夫　116

PART 3 Summer to Autumn

69 トランク選びに欠かせない３つのこと　118

70 こまめに掃除をするには……　120

71 背景のあるものと暮らす　122

72 黒い器はスタイリッシュ！　124

73 思いやりの手仕事　126

74 あなたの「家のキャラクター」は何？　128

75 自分にいちばんよい器を　130

76 シャワーブースに椅子を置く　132

77 「ひと手間」が変えるキッチンの景色　134

78 朝のコーヒーはベランダで　136

79 お礼状のためにしている３つのこと　138

80 「金継ぎ」、世界にひとつだけの美　140

81 トイレも「ひとつの部屋」　142

82 丸テーブルにしませんか？　144

83 つらいときこそ「お茶にしましょう」　146

84 くじけそうな朝は、声を出してこの詩を読む　148

85 友人が教えてくれたおもてなしの形　150

86 「景色がいいもの」を使いたい　152

87 「多すぎない」ことの大切さ　154

88 ダイニングチェアはバラバラがいい　156

89 大きなアートは床に置く　158

90 果物を美しく飾る３つのコツ　160

91 インテリアをガラッと変えたいなら、壁紙！　162

92 パープルはどんな色とも合う「効かせ色」　164

93 モスグリーンと白の清潔感　166

おもてなしのアイデア

94 まずは「小さく、たくさん」準備する　168

95 テーブルに少し「色」を加える　169

96 「冷たいもの」は冷たいままで　170

97 花があると、空間がみずみずしくなる　171

98 取り皿だけ「盛装」する　172

99 頑張りすぎずに、心を尽くす　173

100 パウダールームは「水栓、タオル、石鹸」がポイント　174

101 ソファはクッションを膨らませる　175

102 和の食器は「白い器」だけを集める　176

103 おせちは漆器に盛って「ささやかな形」で　177

QUESTION & ANSWER

104 アートの飾り方　178

105 見える収納　180

106 くつろげるリビング　182

107 カーテン問題　184

108 器の収納　186

109 キッチンまわり　188

あとがきに代えて　190

PART 1
Winter to Spring

アイビーはいろいろな種類がひとつのトレイに入って市場から花屋に届きます。ハート形のアイビーが花屋さんで見つからない場合は、ネットで探してみましょう。アイビーをのせたワインテーブルはロイズ・アンティークスで購入。

グリーンは最も美しく見える場所に

　私は部屋にたくさんグリーンを置いています。鉢植えのグリーンは花よりずっと長もちしますし、どんなインテリアにも間違いなく合います。大切なことはグリーンをいちばん美しく見える場所に置いてあげること。おすすめは、窓のそば。光を受けると緑がキラキラ輝いてきれいです。これは、うちのベランダに面した場所に置いたアイビーのひと鉢。小さくても長く伸びると存在感があります。アイビーにはいろいろな種類がありますが、私が好きなのはハート形のアイビー「ヘデラ・サーク」。緑の色も濃く艶やか。室内でも屋外でもよく育ち、丈夫です。ただしプラスチックの鉢のままはNG。室内なら、陶器の鉢に入れてくださいね。

同じシリーズでなくても、質感が揃っていると組み合わせやすい。色を変えるのは、気に入った器を毎日、新鮮に使う方法のひとつ。

カップとソーサーは色を揃えない

　これは私が家で愛用している北欧のブランド、アラビアの「KoKo」というシリーズのデミタスカップとソーサーです。実はセットではありません。カップも小皿も、それぞれ別売り。いろいろな色があるので、そのときの気分で組み合わせています。色の組み合わせを変えると、全く違った印象になって、いつも新鮮な気持ちで使えます。もちろん別々にも使っていて、直径10cmほどの縁に立ち上がりがある小皿は、小さなスウィーツや果物を1切れ、あるいは取り皿に。デミタスカップも、ジャムを入れたり、1人分のディップ用にしたり。色はお互いに引き立て合って表情をもらます。カップとソーサーを違った色にする――あなたもちょっと試してみませんか？

シリアルやパスタ、木のスプーン、コーヒーメーカーまで、「木の色」は意外なほど、キッチンにたくさんあります。

キッチンには木の色を集める

キッチンのまわりはどうしても雑多な印象になりがちですよね。カウンターには何も出さないというシンプルなキッチンも素敵ですが、私の好みは美しい実用品が適度に置かれたキッチン。そのときどきでどんどん変えてみるのですが、今はこの形に落ち着いています。コツは「木の色」を集めること。そして色が見えるようにガラスの容器を使うこと。木の匙、木の洗濯ばさみ（袋の口を留めるのに使います）、ペッパーミル、シリアル、パスタ。どれも「木の色」。家ではプラスチックのものを極力置かないようにしているので、自然とこうなりました。色数が少ないこともポイントですね。

コンポート皿は高さがあるので盛り映えがしますが、ガラスの鉢やプレートのときも、ミントはたくさん！

果物にはミントをたくさん！

お客様が来て、イチゴを盛ろうとして「なんかさみしい?」という感じがしたのです。それで、手近にあったミントをイチゴの間を埋めるように、たくさん入れてみたのです。そうしたら、びっくりするくらい華やかになって、お出ししたときに「わーっ！」と歓声が上がりました。イチゴはあえてヘタを取らず、それがアクセントになっていると思っていたのですが、ミントのグリーンがたくさん入ることで、赤がいっそうきれいに。「量」って大事と改めて思ったのでした。器は高坏のガラスコンポート。高さがあると盛り映えがします。

麻のシーツはフォグリネンワークのもの。シングルシーツ・ホワイト。カーテンクリップは「ロゼッタクリップ」。アマゾンで購入しました。

カーテンは麻布とカーテンクリップで

　4年前に自宅をリノベーションしたとき、重いカーテンは止めようと決めました。それまでは厚手のカーテンをかけていたのですが、リノベーションでガラスを断熱仕様のものに替えたので、寒さよけのカーテンは必要なくなったのです。白い漆喰の壁と古材の柱を使った室内に合う麻のカーテンにすることに。設計を担当してくれた建築家がアイアンのカーテンレールを提案してくれました。ネットでカーテンクリップを購入して布を下げました。実はこれ、シングルサイズの麻のシーツ。洗濯も簡単ですし、シワが美しく、光に透けた風情も爽やかです。カーテンは面積が大きいので、部屋の印象を大きく左右します。

1969年、フィンランド陶芸界のプリンス、ビルガー・カイピアイネンがデザイン。「パラティッシ」は〝楽園〟という意味。限定カラー「パープル」は2012年、北欧諸国最大の百貨店ストックマンの150周年記念として販売され、のちに限定再販売されました。

お気に入りの器は「お揃い」で

これは北欧のブランド、アラビアの「パラティッシ」というシリーズの限定カラー「パープル」です。久しぶりに欲しいと思った器で、カップ＆ソーサーとケーキ皿を買いました。普段の食事はイッタラの「ティーマ」を使っています。パラティッシのパープルは、自分が一人で朝食やお茶をするとき用。わくわくする色はベランダでの外のお茶にも似合います。お気に入りのカップ＆ソーサーを見つけたら、ケーキ皿も一緒に。「お揃い」なら使いやすく、特別感も増します。日常の中に、小さな自分だけの華やぎを持つことはとても大切です。

このユーカリはギンマルバユーカリ。中目黒のお花屋さんアルドアーズでよく扱っています。

緑はたっぷり、花は少し

花が大好きなので、いつも部屋に置きたいと思っています。でも、普段は家にいる時間も短く、愛でる間もなく枯れてしまうことも。ですから、忙しいときは緑をたくさん、花は少しだけにしています。「ヴァンテーヌ」という女性誌をやっていた頃、イギリスの伝統あるフラワー・アレンジメント学校に取材に行ったことがあります。ロンドン郊外のその学校で、校長先生が庭から摘んで活けてくださったのは、緑に埋まるように花があるアレンジメントでした。ユーカリは長もちするので、花だけ替えていってもいいですね。残っていたカサブランカを1輪挿すと、新しい「景色」になりました。

ベッドリネン、シーツ、枕カバーはフォグリネンワークのもの。麻100％です。クッションはミラノで、カバーはイギリスで購入しました。

1分でできるベッドメーキング

朝、起き抜けにベッドを整えようと思っても、つい後になってしまうことってありますよね。そこで、私はベッドメーキングを極力簡単にしています。布団は一年中羽根布団だけ。シーツはシングルシーツ。枕を叩いてシーツを整え、羽根布団をふんわりとかけ直し、薄手のショールをかけ、枕元にクッションを2つ置いて終了！　所要時間は1分です。めんどうくさいなあと思っても、1分なら気がラクに。今や世界的な5つ星ホテルでもベッドメーキングはシンプルが主流。重いベッドカバーとはさよならしましょう。1枚の布とクッションだけのこの方法。色のトーンを揃えることと、無地だけにしないことがポイントです。

フレンチトーストは、パンが少し乾いているほうが卵液をよく吸います。フライパンにバターを溶かしてパンを並べたら、蓋をして焼くと、ふんわり仕上がります。

フレンチトーストをドレスアップ！

　ある日曜日の朝のこと。少し早く目が覚めたので、フレンチトーストを作ることにしました。牛乳は多めにしてふんわり焼くのが私流。始めに食パンを四つに切って卵液に浸し、中までよく染み込ませます。焼き上がったら、少し重ねて盛って、八つ切りにしたイチゴを散らし、トップにミントを飾ります。食卓でメープルシロップを好みでかけて。フレンチトーストって、幸せの味だと思うんですよね。ちょっと気持ちと時間に余裕がないとできないからでしょうか。だから、それを少しおしゃれに、特別にしてあげる——そんな時間が「休日」なのだと思います。

ローズマリーはとても簡単に育つハーブです。種類も多いのですが、ハーブバスにするのはどれでも大丈夫。ただし、一度に結構たくさん枝を切らなければならないので、少し大きめの鉢植えがおすすめです。

⑩ ローズマリーでハーブバス

今日はゆっくりお風呂に入りたいと思う日、私はベランダのローズマリーを摘むことから始めます。ローズマリーにハサミを入れていると、それだけで爽やかな香りが立って、少しずつ気持ちが落ち着いてきます。摘んだローズマリーは鍋に入れて蓋をして煮ます。煮立ったら火を止めて5分ほどおき、ざるで漉すときれいな翡翠色の液体に。それをバスタブに入れてハーブバスにします。ローズマリーのすっきりとした香りがほのかに香り、ぐっとくつろいだ気分になるのです。それは多分、「摘む」ことから始まる時間の経過があるからこその贅沢。ベランダのハーブからの贈り物だと思っています。

このわっぱ弁当箱は、秋田の柴田慶信商店の長手弁当箱（小）です。ウレタン塗装をせず、白木の秋田杉を使ってひとつひとつ手で作られた弁当箱は、ご飯の水分をほどよく吸うので、冷めてもご飯が美味しいのです。そして何より美しい！　私は日本橋三越本店の本館5階で買いましたが、ネットでも購入できます。

忙しいときこそ、お弁当!

家具や小物、器はもちろん、食べることもインテリアの一部だと思っています。普段は、外でのランチが中心。でも、「モダンリビング」の校了のときは、校了紙がどんどん出てきて机から離れられないので、編集部にお弁当を持って行きました。そのうちに、短時間できれいに作る私なりのセオリーができました。プラスチックのお弁当箱は使わないこと。器は大事です。愛用は秋田のわっぱ弁当箱。細長いので半分はご飯、半分は3〜4種類の野菜中心のおかず。ごく簡単なものばかりですが、ぎっしり詰める。赤、緑、黄色を必ず入れるのがコツ。この3色が入ると栄養のバランスも整います。そしてアクセントに葉っぱ。ベランダで摘んだイタリアンパセリや大葉が活躍します!

この照明は、何年も前に青山のメゾン・ド・ファミーユで買ったもの。このショップには、フレンチテイストの少しエレガントな家具や小物が揃っています。

照明はいちばん簡単な「模様替え」

使っていない電気スタンドがあったら、アートや小物を照らしてみましょう。部屋の印象がびっくりするほど変わります。写真のようなシェードランプは下だけでなく上にも光が回るので、美しい光のエリアができ、私は好きです。照明のコツは「必要なところに必要な明かりを」。うちでは天井に照明がありません。リノベーションのとき、必要なところにはスポットライトをつけましたが、全体照明はお風呂とトイレ以外はつけませんでした。その代わり、置き照明はリビングに3つ、ベッドルームに3つ。すべてを一度に使うのではなく、そのときどきで必要な光をつけます。光源はLEDと蛍光灯の昼光色。照明という効果的な「模様替え」、試してみませんか?

北欧のデザイナー、リサ・ラーソンの動物シリーズは、どこかおちゃめ。この鳩は伊勢丹新宿店で友人が買って、プレゼントしてくれたもの。この白い陶器の水さしも北欧のものです。

花だけでなく小物も一緒に飾る

春が近くなったなあと実感するのは、花屋にアネモネの花を見つけたとき。さまざまな色を取り混ぜて、シンプルにアネモネだけで活けるのですが、ちょっとしたアイデアが。それは、近くに何か小物を置いてあげること。ここに置いたのは北欧の陶器の鳩。首を傾げた姿が、アネモネの後ろに見え隠れするのはちょっと微笑ましい感じです。そのほかに、写真立てやキャンドル、表紙のきれいな本を置くのもいいですね。気をつけたいのは、花に色があるので小物はモノトーンにすること。あくまで主役は花、小物は引き立て役です。ヴォリュームも大きすぎず、高さも低めに、控えめにしましょう。

このカップはアラビアの「KoKo」。大きめサイズなのでミントもたっぷり入ります。

カップで直接ミントティー

ある料理研究家の方のお宅で出されたミントティーは、カップの中いっぱいにミントが広がって、それはそれはきれいな緑色！ 思わず、ため息をついてしまったくらい。葉っぱがじゃまで飲みにくいのでは、と思うかもしれませんが、意外なほど気になりません。茎つきなので、葉がバラバラにならないのです。鼻先までミントがくるせいか、ポットでいれたミントティーよりも、ミントの香りが強くてストレートな感じ。この色と香りと驚きが一緒になったミントティーをいれるときは、カップは絶対に白に！ ガラスのカップよりずっと色が引き立ちます。

写真は自宅の食器棚。上の段から「カルティオ(小)」「ヴェルナ(生産終了)」「カルティオ(大)」。イッタラのカルティオは毎年新色が出るので、それも楽しみです。

グラスは同じ形を色違いで

どんな飲み物を入れても美しく映えるのは薄手の透明なグラスですが、普段使いのものは気軽に使えることが大事。ですから私は少し厚手のグラスを使っていて、ほとんどがイッタラです。北欧の器のいいところは、適度なカジュアル感と、考え抜かれた実用のデザインにあります。一見シンプルな形でも、持ったときの感触、ちょうどよい量、洗いやすさやスタッキングできることなど、使っているうちに完成度の高さに気がつくのです。同じ色で揃えてもよいのですが、私はカップ＆ソーサー同様、飽きずに使うためにも、同じ形を色違いにしています。飲み物によって色を替えたり、食卓のコーディネイトに色を合わせたり、楽しいですよ。

友人の手作りの「昭和の味のドーナツ」は、硬めで甘さ控えめの、香ばしい味。さっぱりとしたミントティーと好相性でした。私も園芸用の麻紐をキッチンに置いていて、紐が必要なときはいつも麻紐を使っています。もちろんリボン代わりにも。ガーデングッズとして売られているものが、デザインもきれいでおすすめです。

理由のない小さな贈り物

誕生日でもないのに、友達が「はい、これ」と笑顔とともに小さな包みを渡してくれました。「昭和の味のドーナツを作ったの。お茶と一緒に食べてね」。ミントとローズヒップのハーブティーも添えてあります。こういう贈り物が、実はいちばんうれしい。理由のない小さなプレゼントは、普段の時間の中で私のことを思ってくれたということですから。ドーナツは、英字新聞を模した紙に包んで、麻紐で結んでありました。素朴な麻紐は、ちょっと何かを結びたいとき実用として役に立つだけでなく、美しい素材。私は大好きです。コーディネイトして贈る、麻紐と英字新聞で包む。あなたも大切な人に、理由のないプレゼントをしてみませんか？

大きめのこのカップはアラビアのヴィンテージ。北欧の器らしいおおらかな美しさとカジュアル感が好きです。少しだけ、底が欠けていたのですが、サンドペーパーをかけると、ほとんど気にならなくなりました。

自分を甘やかす「仕掛け」をつくる

　自分を甘やかす小さな仕掛けをつくってみませんか？ 休日の朝、15分だけ。お気に入りのカップに入れたカフェオーレを、ベッドでゆっくりと飲む。「ベッドで」というところが大事。普段はできないことをするのです。お茶を飲むという普段やっていることでも、場所が違えばまったく違った時間になります。それがインテリアの力です。そのためには、雑然としているベッドのまわりを、前の晩に少し片付けようと思うかもしれません。サイドテーブルの位置を動かしたくなるかもしれません。その少しの変化が、今のあなたに必要なのではありませんか？ 休日の朝のベッドでカフェオーレ。自分を甘やかす時間は大切ですよ。

イッタラのガラスの器「カステヘルミ」の小さな
ボウル（直径6㎝）に、ラナンキュラスの花を浮
かべてみたら、ガラスの中で花が開いて、ぴった
りのサイズに。思いがけない美しさに出会えるの
も、最後まで花を愛でる楽しみです。

花は生きているインテリア

インテリアは服のように毎日変えられないので、ずっと同じということが多いのではないでしょうか？ 一度置いた小物は、そのままになっていませんか？ でも、インテリアにも鮮度が必要です。最初はきれいでもずっと同じでは飽きるし、くすんできます。ではどうするか？ 大きな家具はそうそう変えられません。だからこそ、小さなものを変えることが大切。私が花を欠かさないのは、「花は生きているインテリア」だから。花は手がかかります。毎日水を替え、茎を切り、ときには花器を替えて活け直す。変わり続ける花を最後まで愛でるという行為を通して、インテリアもリフレッシュするのです。

このキッチンは、ピエロ・リッソーニがデザインしたもののプロトタイプ。ボッフィのキッチンは、日本ではエ インテリアズが扱っています。

19

清潔と心ばえ

イタリアで、トスカーナの別荘を撮影しました。窓の外には美しい緑の丘陵が続きます。その景色をどーんと見晴らす大きなテーブルつきのアイランドキッチンがありました。イタリアの高級ブランド、ボッフィのものです。この別荘ができてから数年経っているとのことですが、ステンレスのキッチンはピカピカ。シンクの中には、洗剤もスポンジもなく、探してみると、引き出しの中に整然と収納されていました。何もものが出ていないキッチンで、唯一、目立っていたのは真っ白の地がぴしっとした布巾。茶色の柄が空間のアクセントになっています。そこには住み手の心ばえが感じられました。美しいキッチンを支えるのは、清潔と心ばえ。毎日のことだからこそ、心のもちようが大切と教えられた気がします。

イタリア人のスタッフの名前はジャンニ。「コーディネイトがうまくなるコツは?」と尋ねると、「手を動かすことだよ」という答え。
Special thanks ／ Mr.Gianni Fiore

端正に勝る美はない

トスカーナの別荘での撮影中、イタリア人のスタッフが「お水とビスケットをどうぞ」と私たちにすすめてくれました。整然と並んだシンプルなグラスと、ぴったりサイズの白い器にビスケット。ハッとしました。このシンプルな美しさは、これを用意してくれた人の美意識なのだと思います。私たちは、インテリアというと、何か特別なものが必要と思ってしまいがちです。器にしても、グラスにしても、当たり前のものを端正に使うことを忘れてしまうのではないでしょうか？　清々しいとさえ感じる、こんな美しさは、普段の日本の生活の中でも難しくはないはず。あなたもそっと、まわりを見渡してみませんか？

器もグラスも椅子もテーブルも、カルテルのもの。この食器は、すべてではありませんが、日本でも購入できます。

プラスチックでも例外はある

私がプラスチック嫌いなのは、このエッセイを読んでくださっている方はお気づきかもしれませんね。4年前、家をリノベーションしたときに「つるピカ」なものはできるだけ、家に持ち込まないようにしようと決めました。古材を使ったり、漆喰の壁にしたりしたことで、空間がそういうものを受け付けなくなったこともあり、それは意外と難しくなかったのですが、だからといってプラスチックを全否定するわけではありません。これはイタリアのブランド、カルテルの社長のお嬢さん宅の朝食セッティング。キッチンに置かれたカジュアルなテーブルに、プラスチックの器。扱いやすくて、軽やか。朝食にはぴったりでした。機能と場面が合えば、プラスチックもあり！ですね。

片手で動かせる小さなサイドテーブルを。

サイドテーブルは小さくていい

たくさんの日本の住宅を撮影で訪れて気づくのは、ソファのそばにサイドテーブルが少ないことです。センターテーブルはあっても、手が届きにくかったり、低すぎたり。そんなとき、サイドテーブルがあれば、グラスやカップを置くのに困りません。部屋が狭いからという理由かもしれませんが、サイドテーブルは小さくていいんですよ。むしろ、小さいほうがいい。なぜなら、片手で自由に動かせるから。このイタリアの写真のように、木の踏み台のようなものでもスツールでもいいのです。トレイを置けば、コーヒーカップとケーキ皿くらいはのせられる、その程度で充分。そんなサイドテーブルなら、あなたのリビングにも置けるのではありませんか？

思わず見とれてしまった本の収納。余白とバランスを支えているのは、「美しく」と思う人の手です。

本は置き方で美しくなる

世界的に著名な建築家でデザイナー、ピエロ・リッソーニのミラノの事務所で見たのは、美しい本の佇まいでした。シンプルな白い本棚に雑誌が入っています。縦と横、きちんと並べて、重ねて置かれた本。色もサイズもまちまちなのに、どうしてこんなにすっきりと見えるのでしょう？　理由はそれぞれの山が「ひと塊」になっているから。ぴしっと揃えられた角にも注目です。本が一冊一冊でなく、キューブのような塊になるとこんなふうに、整然とするのですね。これを可能にしているのは、人の手。触れる、整える、並べる。人の手が感じられるから、よけい美しいと思うのではないでしょうか？

マントヴァの家具屋さんを営む一家。2人の男の子がサッカーをする広い芝生に面したテラスにも大きなテーブルがあり、天気のいい日のランチはテラスだそう。

シンプルで豊かな食卓とは

イタリアのマントヴァの街で伺った一家が「いつものランチ」の用意をしてくれました。テーブルに麻のテーブルクロスをかけてプレートを重ねて置き、ナプキンとカトラリーをセッティング。カラフェに入れた水とワイン、パン。スライスしたマントヴァ特産のサラミと塊のままのパルミジャーノ・レッジャーノ。それ以外には、セロリと人参のスティックだけ。料理は火を使わないものばかり。でも、決して質素というわけではありません。サラミもチーズも野菜もパンも、地元の食材はひとつひとつとても美味しい。ていねいにセッティングして、シンプルなものをいただく。本当に豊かな食卓とはこういうこと、と改めて思ったのでした。

変わりゆくからこそ、花は美しい。その変化を楽しむ心の
ゆとりをもちたい、といつも思っています。

終わりのチューリップ

花屋と八百屋は季節の移り変わりを的確に伝えてくれる場所。スーパーでなく、商店街に買い物に行くと、よりはっきりと季節の変化を感じられる気がします。さて、年末に花屋に並んだチューリップも、そろそろ終わりの季節になってきました。大好きな八重咲きの白いチューリップを楽しんで次の季節に移ろうと思い、ひと束買ってきました。だんだんと花が開くだけでなく、光のほうへ伸びていく自由な茎の動きもチューリップの楽しさ。チューリップが望むままに、活けてあげましょう。無理をしないで、あるがままに——最後のチューリップが、そっと囁いてくれた言葉、あなたにも聞こえましたか？

もっと小さなアイデア KITCHEN&FOOD

㉖ キッチンには「小さな緑」
陶器の器にアイビーやワイヤープランツを入れて。底に穴がないものは、水やりを少なめに。

㉗ おもてなしの形
スプーンにチーズとトマト、バジル、塩、オリーブオイルで、ひと口サイズのカプレーゼに。

㉘ マグカップも蓋があれば……
マグカップに専用の木の蓋で塩と砂糖入れに。密閉性もある。木の蓋はネットショップ・スコープで購入。

㉙ パンの袋をそのまま食卓へ
イタリア・ミラノのレストランで流行っているパンの出し方。カジュアルなのにかっこいい。

㉚ ハーブティーと和菓子、意外な美味しさ！
ミントティーが、和菓子を爽やかにしてくれる。ガラスのティーポットは日本のハリオのもの。

㉛ 暑いときには、熱いお茶
最中にお抹茶。器はカフェオーレカップ。暑い夏の日、あえてこんな組み合わせで元気を出す。

もっと小さなアイデア KITCHEN&FOOD

32 水差しをワインのカラフェに

北欧のスクルーフのピッチャーを、カラフェに。空気に触れてワインが美味しくなる。

33 ストウブの鍋には小さな「鍋つかみ」

小さなナプキンを折って、輪ゴムで留めるだけ。熱くなってしまうつまみも、これで平気。

34 手作りの常備菜には手書きのラベル

空き瓶に詰めた削り節のふりかけ。家族がすぐわかるように、マスキングテープでラベルをつけて。

PART 2
Spring to Summer

ビニールポットのときは、まとめてカゴに入れると、「美しいインテリア」に。

室内のハーブガーデン

昨年の春のこと。ある日、知り合いのガーデン屋さんからハーブが1箱届きました。ペパーミントにスペアミント、アップルミント、オーデコロンミント、チョコレートミント……ミントのオンパレード！　他のハーブも入っています。外に出すにはまだちょっと寒い。そこで室内にハーブガーデンを作ることに。キッチンの横の窓辺に、大きなトレイを置いてそこにミント君たちを並べました。ポカポカと日の当たる窓辺は気持ちよさそう。育っていく様子を楽しみながら、料理やお菓子やお茶に使います。外に出なくても手の届くところにあるハーブは、使う機会もいっそう増えました。

あまりきちんと包まずに、ラフに紙を巻いてみましょう。
細長く折って、2〜3回巻くと形になりやすい。

鉢カバーは新聞紙と麻紐

花屋の店先に、たくさん花の苗が並び始めました。ビニールポットに入った苗は、植木鉢に植え替えなくても楽しめます。陶器の鉢や器にビニールポットのまま入れて。ただし、穴があいていない器の場合は、中に水がたまってしまわないように気をつけましょう。でも適当な鉢がない場合もありますよね。そんなとき、私は新聞紙で包んで、麻紐でぐるっと巻いてしまいます。そのまま水やりできるように、底は紙で包まないのがコツ。ちょっとおしゃれにしたいなら英字新聞で。きれいな色の紙や雑誌のページでもいいですね。この方法、ポットの大きさを問わないのもいいところ。ビニールポットのまま置くのだけはやめましょう。それでは花が可哀想です。

母の毛筆の便り。いつも私を見守ってくれる人がいることを思い出させてくれるのです。

手紙は「その人を思う時間」の集積

あなたは最近、手紙を書きましたか? 私の母は筆まめで、私が一人暮らしを始めた頃からずっと、手紙を書き続けてくれています。以前は便箋に何枚もだったのですが、ここ数年は、季節の柄の鳩居堂のハガキのことが多く、ときには毛筆のことも。慌ただしく時間を過ごしていた時代には、ついつい返事がおろそかになっていた私ですが、今は、必ずハガキを書いて送ることにしています。美術館に行くことがあると、母が好きそうなアートのポストカードを買っておき、ポストカードと切手、万年筆を一緒に箱に入れています。こうしておくと、手紙を書くことが億劫ではなくなります。メールや電話が当たり前の時代だからこそ、手紙には特別な思いがあるような気がします。紙に向かってペンを走らせるときは、「その人のことを思っている時間」。箱いっぱいの母の手紙は、私の大切な宝物です。

アンティークのガラスのアスパラ皿は、浮き花にぴったり。器の美しさも花と一緒に楽しみます。

浮き花にしませんか?

中目黒のアルドアーズというお花屋さんは、私が「ヴァンテーヌ」の編集をしていた頃からのおつきあい。撮影でも、プライベートでもお世話になっています。まだ、知り合って最初の頃の撮影で、短く切ってしまった花を、アルドアーズのスタッフが小さな銅製のお皿に浮かべているのを見ました。お花屋さんは仕事柄、切り落とした花にはあまり頓着しないことが多いのに。アルドアーズでは、店先でもいつもそうして、短くなった花や残った葉を浮き花にして置いているのでした。その優しい手が作るブーケは、やっぱりとても優しく、美しい。家で浮き花にして、最後の花を楽しむとき、いつも思い出すのは、そんな優しい手の存在です。

このブーケは、リメンブランスというピンクのバラと、銀葉という枝ものの組み合わせ。友人がオーダーメイドのオンラインフラワーショップ、amica flowers に頼んでくれました。全国発送してくれます。オーナーの小山潤子さん、センスのいい素敵な方です。

「花を贈る」ということ

4月5日は私の誕生日です。毎年、欠かさず花を贈ってくださる仕事仲間がいて、今年もこんな素敵なブーケが自宅に届きました。花は、本当にうれしい。いくらあっても、いついただいてもうれしいのは、花くらいではないかしらと思います。私は、仕事やプライベートで食事をご馳走になったときは、翌日に手書きのお礼状を添えて、お花をお送りすることにしています。お会いするときに持っていくと、相手の荷物になってしまいますし、ご自宅であっても、後日のほうがインテリアの感じもわかっていますから、お部屋に合った花をお送りすることができます。花を贈ることは、相手の気持ちや状況を思いやるということ。生花だからこその心遣いをしたいものですね。

麻の洗濯紐と木の洗濯ばさみはアルチヴァンドで購入。シーツはフォグリネンワークのもの。

日よけは、麻のシーツと
洗濯ばさみ

外が気持ちいい5月。この季節、私は一日に一度は、外でお茶を飲みたくなります。外カフェも好きですが、いちばん落ち着くのは自宅のベランダ。7階なので景色もいいのです。ただ問題は、午後まで日差しが強いこと。パラソルを置くほどのスペースもないし、と考えた末、麻のシーツと洗濯ばさみでターフ（日よけ）を作ることに。洗濯紐に洗濯ばさみでシーツを留め、長めに手すりの外に垂らします。必要なときにパッと取りつけて、不要になったら外す。それが簡単にできるからいいのです。ただし、ビニールの洗濯紐やプラスチックの洗濯ばさみは避けましょう。麻のロープに木の洗濯ばさみ、麻の布。自然のものは、なぜかやっぱり美しいのです。

幅1.2m×長さ10mの細長いベランダ。鉢植えのグリーンをたくさん置いています。手入れに自信がなければレンタルグリーンの「LOVE GREEN（ラブ グリーン）」がおすすめ。月に1回、プロがメンテナンスに来てくれます。
LOVE GREEN ☎ 03-3958-1188

天気のいい休日はベランダで

ミラノ取材から戻ってまだ数日ですが、早速、撮影や原稿書きがぎっしり！ でも、天気がよくて、気持ちのいい日は家での仕事も苦になりません。それは、ベランダが「書斎」になるから。小さなティーテーブルと折りたたみ椅子で充分！ Macを持ち出せば、そこが仕事場です。コーヒーとともに、風を感じながらの原稿書きは、いつもよりすいすい進むような気がします。外で過ごすときは、できるだけ室内と同じようにするのがコツ。クッションを持ち出したり、リビングで使っているお気に入りのカップを使ったり、テーブルに小さな鉢植えの花を置いてみたり。こんな「ちょっとしたこと」で、外のスペースは抜群に心地よくなるのです。

テーブルの上に、きりっと冷えた水がたっぷりあるのは、とても豊かな気分です。

ピッチャーとミントで「美味しい水」

　食事のとき、何を飲もうかと考えるのは楽しいことですよね。私はお酒が飲めないので、いつも炭酸水なのですが。でも、普通の水でも、とびっきり美味しくする方法があります。それは、ピッチャーを使うこと。どんな形でもいいので、持ちやすくて、人数分の量が入るものを選びましょう。氷を入れてキリッと冷やす。そしてミントをたくさん！　好みで、レモンやライムの薄切りを浮かべるのもいいですね。これをテーブルに持ち出せば、とても美味しい飲み物に。ガラスのピッチャーなんて、あまり使ったことがないかもしれませんが、これがあるとないとでは大違い。ほんのひと手間で、みんなが笑顔になる「美味しい水」ができあがります。

私が使っている保存瓶は MUJI のもの。並べたとき、美しいように 3 個一緒に購入。

ちょっと大人な自家製レモネード

　最近、レモネードがマイブーム。カフェでの外お茶でも、自家製レモネードがメニューにあるとつい頼んでしまいます。そこで自分でも作ってみることにしました。自己流レシピですが……。レモン（できれば無農薬のもの）をよく洗い、薄切りにします。保存瓶にレモンとローズマリー、蜂蜜をたっぷり入れて、そのまま冷蔵庫で1日おきます。ローズマリーを入れると、風味が増し、大人な味に仕上がります。グラスに氷とこのレモン汁とレモンのスライスをたっぷり入れて、ペリエで割っていただきます。レモンもそのまま食べられます。砂糖とレモン汁という作り方が一般的のようですが、このはちみつレモンローズマリー風味、リフレッシュにおすすめです。

大きなプレートに盛り合わせるときは、オリーブやペーストなどを小さな器に入れると美しく盛りつけられます。このサンドイッチプレートは、イギリスのスポードの「ブルーイタリアン」シリーズ。イギリスで購入。

「アペリティーボ」しませんか?

休日の夕方、ベランダでののんびりドリンクタイムは、ささやかな幸せ。ミラノでは、17〜19時頃は「アペリティーボ」の時間。カフェやバールでドリンクを頼むと、おつまみがついてきます。店によってはカウンターに10種類以上並んでいて、食べ放題というところもあって、簡単な夕食代わりになってしまうほど。そこまでではありませんが、自宅のベランダタイムでも真似してみました。サンドイッチプレート（トレイや大きめのお皿でもいいですね）にチーズとドライトマト、オリーブ、瓶詰のペースト、バゲットの薄焼きと、簡単なものばかり。イタリアンパセリやバジルがあれば、彩りに添えてみましょう。ドリンクはビールでも、ワインでも、ジンジャーエールでも。休日の夕方、大切なひとときに。

アンティークのカトラリーは、用途が決まっているのがおもしろい。これはジャム、ピクルス、バター、ブレッド（フルーツケーキ）用など。白い柄はマザーオブパール（真珠の母貝）です。この中には、スターリングシルバー（純銀）のものもありますが、シルバープレート（銀めっき）のものも。どちらも美しいですね。

あえて「ゆっくり」の時間をつくる

雑誌「ヴァンテーヌ」の編集をしていた頃、取材でイギリスに行くたびに、田舎のアンティーク・マーケットなどでシルバーのカトラリーを買っていました。先日、撮影に使うことになり、久しぶりに銀磨きをすることにしました。『赤毛のアン』の中に、結婚式を控えて銀のカトラリーを磨くシーンがありますが、小学生の私にはなんのことかわからなかったことを思い出します。銀器専用のクリーナーをつけてひとつひとつ布で拭いていきます。最後に、洗剤で洗って布巾で拭けばOK。「銀磨き」なんて、普段の生活にはないことですが、「ゆっくり」とした時間は、つかの間、慌ただしい日々の流れを止めてくれたよう。そんな時間を大切にしたい、と改めて思ったのでした。

「LOVE GREEN」は、「モダンリビング」編集部と日植ガーデンがコラボしている観葉植物レンタル。編集部のスタッフがグリーンのコーディネイトをアドバイス。日植ガーデンのスタッフが月1回、メンテナンス。室内でも屋外でも対応（ただし、都内・近郊のみ）。LOVE GREEN ☎ 03-3958-1188

鉢植えの緑は大きなものを少し

自宅のリビングに置いている鉢植えのグリーン、エバーフレッシュ。夜になると葉が閉じ、朝、光を浴びると葉が開きます。動きがあるので、生きている！ と実感させてくれますし、光に透けるみずみずしい緑が美しいのです。部屋にグリーンを置くときは、思い切って大きなサイズにしましょう。大切なのは目線の高さに緑があること。中くらいのものを置いても、床に近いところに緑が固まってしまい、空間には効きません。このエバーフレッシュ、3年前は向こうが透けるほど少なかった葉もこんなに育ちました。枯らしてしまうのが心配だったら、グリーン・レンタルという方法も。室内でも外のような気持ちになれる大きなグリーン。きっと、あなたの暮らしを変えてくれると思います。

原美術館は芝生に面したカフェも気持ちよく、大好きな場所。こうした簡単な床材は、ロール状のものが使いやすい。東急ハンズやホームセンターで扱っています。

空間の印象は床で変わる！

対談の撮影で原美術館に行きました。現代アートの展示を主とする小さな美術館です。約80年前に住宅として建てられた建築物をそのまま使っています。この日は、蜷川実花さんの個展が開催中（すでに終了）でした。写真はセルフポートレイトが展示されていた2階の廊下。美しい白と黒の市松模様が、奥の展示室へと意識を誘います。美術館の方に伺うと、この展示中だけ、木の床の上に黒白の床材を張ったとのこと。実は私も、トイレの床だけ、自分で黒白に張り替えたことがあります。小さなスペースなら意外と簡単。飽きたらまた替えればいいのです。インテリアを新鮮にしたいなら、壁や床を替えるのがいちばん。あなたもためらわずに、試してみませんか？

イタリアの別荘にあったモロッコのキャンドルスタンド。
床置きのものは特に「大きめ」を選ぶと効果的です。

インテリアは「3つ」あると塊になる

　部屋の中にはいろいろなものがあって、ごちゃごちゃしがち。皆さん、悩みですよね。でも、同じものがたくさんあると、塊になってスッキリ見える！　って、ご存じですか？　本や食器、保存瓶などもできるだけ同じ色や形のものをまとめて置くのが、インテリアをきれいに見せるコツ。ショップのディスプレイが整って見えるのは、ある程度の量があるからなのです。では、どれくらいの量があればいいのか？　ズバリ、最少は3つ、です。写真はキャンドルスタンド。大きなサイズは高さ50cmくらいありますが、それでも床に置くと周囲のものに埋もれてしまう。大中小と3つあると、どこに置いても存在感を発揮します。「塊」をつくりたいときは3つ集める、と覚えておきましょう。

ローズマリーは長めの枝を交叉させて。麻紐も少し長めに結びましょう。

ローズマリーのナプキンリング

皆さんからハーブについてのコメントが多いので、ハーブ好きの方が多いのだなあとうれしく思っています。私が最初にハーブを知ったのは、ハーブ研究家の北野佐久子さんとの出会いからでした。雑誌「ヴァンテーヌ」で北野さんの連載を担当し、イギリスの生活に根ざしたハーブの使い方を伺っては、好奇心でいっぱいになりました。その後、取材で行ったイギリスで体験する機会もあり、少しずつ私の生活にもハーブが入ってくるようになったのです。中でもローズマリーは大好きなハーブのひとつ。気分が落ち込んでいるときでも、その香りが気持ちをリセットしてくれます。これはローズマリーで作ったナプキンリング。輪にしたローズマリーを麻紐で留めただけ。ナプキンを外すときの爽やかな香りも楽しいのです。

カルテルはプラスチックの家具が中心のイタリアのブランド。「ストーン」は、オランダのデザイナー、マルセル・ワンダースによるデザイン。カラフルな色もあります。

スツールの活躍ぶりといったら！

プラスチックを極力排除している自宅で、唯一、例外なのがこのカルテルの「ストーン」というスツールです。軽くてどこに置いても様になるだけでなく、光が当たるととってもきれい！このスツール、普段は玄関に置いています。靴を履くとき、腰掛けがあると便利ですが、これなら透明なので存在感が薄く、移動も簡単。でも、それだけではないんです。座面が真っ平らなので、テーブルとしても使えるのがえらい。朝、急いでいてメイクしながらカフェオーレなんていうときは、このスツールがサイドテーブルに。取材に行ったイタリアのお宅では、ソファの脇にそれぞれ置いてテーブルにしていました。グリーンや花を置く台にしてもいいですね。スツールの活躍の場は、まだまだありそうです。

テーブルの中央に高さの違うものを集めると、花がひと塊に。布のほつれも美しい。

布の命を使い切る

ミラノにあるインテリア・ショップ、カッシーナで見たのは、こんな花の飾り方でした。おしゃれな花瓶！ とよくよく見たら、ガラス瓶に布の切れ端を巻いてホチキスで留めただけ。それを何本か置いて、ランダムに花を挿しています。でも、この端のケバケバした表情が妙に可愛い！ 作為のない無造作な美しさとでもいえばいいのでしょうか。実はこれらの布は、ソファなどの家具の張り地の残りです。普通なら廃棄されてしまうものですが、こうすると立派にプロダクトに。日本でも着物を着ていた時代、布の最後は雑巾にして命を全うさせることが当たり前だったはずなのに。布の命を使い切る――イタリアで大切なことを教えてもらった気がしました。

ロケ弁のおむすびは1個ずつラップに包んで。私の竹籠三段弁当箱は、竹虎のもの。インターネットで買いました。いろいろな種類があるので、サイズや用途によって選ぶとよいと思います。

美しさは機能に従う

私が撮影のときにお弁当を作っていくのは、お昼をきちんと食べる時間がないからです。多いときには10人分以上のおむすび。その数は40個。重ねるとつぶれるし、持ち運びも大変です。おむすびを入れるためのものをずっと探していて、ある日、思い切って竹の三段弁当箱を買いました。使ってみて驚いたのは、本当によくできているということ。高さ、ふたの具合、重ね方、持ちやすさ。そして何より美しい。「美しさは機能に従う」は、デザインや建築の世界ではよく知られた言葉ですが、それは日本の言葉に置き換えれば、「用の美」ということなのだと思います。お弁当箱としての出番がないときは、小物入れとしてキッチンで愛用しています。

鉢植えのグリーンがあるだけで、窓辺の風景はガラッと変わります。水やりが大変なら、自動灌水(かんすい)に。コンセントと水道があれば可能です。

窓辺に緑のカーテン

「窓辺」という言葉には、何か豊かな語感があると思います。叶うならば、窓の外には美しい庭が見えてほしい。イギリスの田舎のホテルの窓からの景色は、今でも忘れられません。緑の芝生と木々と花が一枚の絵のようでした。日本でもせめて、山や森があればと思うけれど、都会では難しいですよね。写真は私の部屋の窓辺です。ベランダに面しているので、窓の外に大きな木の鉢植えをいくつか置いています。シマトネリコ、レモンマートル、ユーカリ。こうすると外からの目隠しになるだけでなく木陰効果も期待できますし、部屋が東向きなので、緑の葉が朝の光に透けてとてもきれいです。

変わった形と彩りのよさで、お客様にも好評でした。材料を変えれば、ヴァリエーションはいくらでも!

形を変えると「よそゆき」になる

女性だけが集まる自宅でのランチ。少しだけいつもと違ったことをしたくなりました。とはいえ、材料は限られているし、時間もあまりない——ふと、思いついて、ピーラーを使うことに。ピーラーでキュウリを細長くむき、折り畳むようにしてエビと一緒に竹串に刺します。ガラスの器に放射状に並べて、中央にはハーブ入りの醬油マヨネーズソースを。カジュアルなシュリンプカクテルといった感じです。形が変わると、歯触りも違い、ピンチョスのような楽しい一品になりました。人参もピーラーで細長くむいてサラダにすると、趣が変わります。新しいレシピだけでなく、こんなピーラー使いもいいものです。

左のホウロウの箱は元は種入れですが、乾物入れにしています。この色に合わせて、家電もグリーンに。

家電もコーディネイト

「デザイン家電」という言葉もありますが、一般的に家電はあまり美しくありません。私の嫌いなプラスチックが多いのも、その理由の一つです。とはいえ、すべてをしまい込んだり、見えないところに収納するのは難しい。頻繁に使うものは「出しておく」ことになります。そんなときは、家電だからと特別扱いせず、他の家具やインテリア小物と同様、きちんとコーディネイトしましょう。簡単に言えば、「色や質感を揃える」のです。自宅のコーヒーメーカーは、キッチンの差し色のグリーンに合わせています。それ以外のものは、ステンレスのシルバーと黒。これだけでずいぶん違います。大切なのは、「家電を諦めない」ことです。

「マイドラップ」はロール状の布ナプキン。引き出しの中に敷く布としても重宝します。

「見えないところ」も美しく

以前から、器と器の間にはあり合わせの布巾を挟んでいました。器どうしがぶつかったり、傷ついたりするのを防ぐためです。イッタラの「ティーマ」のような丈夫な器はそのままでもいいけれど、きゃしゃなものや、絵付けの和食器、ガラスの器などは、どうしても当たりが気になります。あるときふと思いついて、器の間に挟む布を「マイドラップ」という布ナプキンに替えました。正方形に手でちぎって使うのですが、大きさも何種類かあり、薄手なので器に挟んでもかさばりません。それに何より、美しい。器を取り出そうと収納を開けるたびに、思わず微笑んでしまいます。「見えないところ」も美しく——何か、心のありようが変わる気がします。

この卵焼き器は、伊勢丹新宿店本館のリビングフロア(5階)で購入。手入れの仕方など、店員さんがていねいに説明してくれました。

キッチンで美しいものを使う理由

やっと！ 本格的な卵焼き器を買いました。今までずっと欲しいなあと思いながら、フライパンですませていたのです。もちろん、フライパンだって卵焼きはできます、それなりに。でもね、違うんですよ。使ってみて、まっさきに感じたのは「楽しい！」ということでした。するするとくっつかずに焼けて、きれいな形にできる。そして、卵焼き器自体がとてもきれい。調理はときとして、「作業」になりがちです。でも料理している時間そのものに喜びを感じられると、暮らしの中での充実感は大きく変わります。調理器具はただ機能があればいいというものではないと思います。使っている間も、そのあとも「美しいこと」。それが料理の楽しみを支えてくれるのです。

コーヒーコーナー。カップはドイツのクーン ケラミックのもの。ミラノで購入しました。日本では、H.P.DECO で扱っています。

飾るのではなく、実用のものを置く

インテリアというと「どう飾っていいかわからないんです」という言葉をよく聞きます。どうしてインテリアは「飾る」なのでしょうか？ アートやオブジェ、花などを除くと、「飾る」ものって、そう多くないと思うのです。インテリアは暮らしそのもの。暮らすために必要なものが美しければ、それをそのまま置けばいいのでは？ もし、実用のものが「置く」のにふさわしくないとしたら、もの選びを考え直したほうがいいかもしれません。写真は自宅キッチンの一部ですが、ここには「飾る」ものは一つもありません。すべて実用のものばかり。だから、美しいのだし、愛おしいのだと思っています。

自家製ジェノベーゼ・パスタ。バジルが育つのが待ちきれないほど楽しみです。

夏の味覚、いちばんの贅沢

10年くらい前から、毎年初夏にバジルの苗を買ってベランダで育てています。それは自家製ジェノベーゼを食べたいから。摘みたてのバジルで作ったジェノベーゼは色鮮やかで、その香りも素晴らしいのです。私の作り方はとても簡単。たっぷりのバジル、みじん切りのニンニクひとかけ、塩ひとつまみ、多めのオリーブオイルをブレンダーに入れて、パスタの茹で上がりを見計らって攪拌するだけ。松の実もチーズも入れません。パスタとジェノベーゼソースを手早く混ぜ合わせて、バジルをのせて出来上がり。食卓でパルミジャーノ・レッジャーノをすり下ろしながら食べます。ベランダの収穫に感謝しながらいただく夏の味覚。これがうちのいちばんの贅沢です。

もっと小さなアイデア INTERIOR&LIFE-STYLE

㊿ たわしをソープディッシュに
水はけがいいので、たわしはソープディッシュにぴったり。もちろん洗面台の掃除にも使える。

�61 本の「ブックエンド」
厚くて重い本を何冊か重ねれば、ブックエンド代わりに。本の上に小物をのせるのもいい。

�62 グラスをスピーカーに
グラスやマグカップにスマートフォンを入れると、音が抜群によくなる。旅先でも使える方法。

(63) 外のご飯は
「簡単、美味しい、たくさん」
がいちばん

風と緑が美味しくしてくれるから、外ご飯は頑張りすぎない。ただし、量だけはたっぷりと。

(64) 小さなものは
手作りする

麻のキッチンクロスを折って作った、メガネケース。メガネが4つ入る。クルクルと巻くとかさばらない。

(65) 5月、ソファも衣替え！

黄色のソファに、白いリネンのシーツをたっぷりかけて夏仕様に。クッションもすべてリネンで統一。

もっと小さなアイデア INTERIOR&LIFE-STYLE

⑥⑥ 夏の飾りは涼しく、簡単に
ステンレスやガラスのボウルいっぱいに、茎を切った花を浮かべる。安い花でも豪華になる。

⑥⑦ 白い花を白い器にたっぷりと
ひと束いくらのカジュアルフラワーも、1つの色で量を多くすると、高価な花に負けない美しさ。

⑥⑧ 「見せない」工夫
本の形の小物入れは、シークレットボックス。手近に置きたいけれど目障りなものの収納に。

PART 3
Summer to Autumn

リモワのトランク。小さいほうは機内持ち込み用に。この組み合わせなら、2週間の海外取材もOKです。

トランク選びに欠かせない3つのこと

そろそろ夏休みの時期ですね。トランクを新調しようという方も多いのでは？ 実は数ヵ月前、10年以上使ったトランクを買い替えました。以前のトランク2個は、買った時期も違ったのでデザインもブランドも別々でした。そこで今回はこの3つをポイントに選びました。

1. 荷物は自分で運ぶことが前提なので、とにかく軽いもの。
2. 並べて置いたとき美しいように、お揃いで大小にする。
3. 自宅に置いても悪目立ちしない色にする。

その結果、選んだのがこれ。リモワの64L（預け用）と42L（機内持ち込み用）のグレーです。大正解でした。インテリアにもなるものだから、家に置いたときの姿を想像することも大切です。

木の床でも、適度な湿り気でウエット拭きしてくれます。床拭きロボット「ブラーバ380J」。お掃除ロボット「ルンバ」と同じアイロボット社のものです。この床材はIOCのもの。

こまめに掃除をするには……

「モダンリビング」の取材でたくさんの家に伺っていると、家の大きさにかかわらず、美しい状態を保つことは、本当に難しいと感じます。きれいをキープするには、こまめにお掃除するのがいちばん。気がついたときに少しでも手をかける。でも、わかっていてもなかなかできないこともありますよね。

うちでは、最近、小さな床拭きロボットを買いました。ウエットでも乾拭きでもOK。固く絞った布で水拭きした床の仕上がりは、素足にとっても気持ちいい！　音も静かで、ほとんど聞こえません。キッチンだけ、リビングだけ、と部分的に使って、「こまめ」に働いてもらっています。もちろん万能ではありませんが、可愛いお手伝いさんがいてくれると、自分もやる気が湧いてきます。

このバスケット、渋谷のアルチヴァンドで購入しました。

背景のあるものと暮らす

「美しいものか、役に立つものしか暮らしの中に置いてはいけない」。19世紀に活躍したイギリスの詩人・デザイナー、ウィリアム・モリスの言葉です。私はそこにもうひとつ加えていることがあります。それはストーリーのあるものを大切に、ということ。このバスケットを見たとき、その美しさに惹かれました。アフリカのルワンダの女性たちの手作りで、一つ作るのに最低5日かかるとのこと。1990年代に起きた内戦の被害から自立しようと、女性たちが伝統工芸であるバスケット編みを復活させたのが始まりだそう。それぞれのデザインには意味があり、これには「千の丘」という名前がついています。背景のあるものには命がある、と心から思います。

イッタラの食器の中でも、「ティーマ」は一器多用。緻密にデザインされた形とサイズ、スタッキングできる収納力は、基本の器としての条件をすべて備えています。

黒い器はスタイリッシュ！

イッタラの食器「ティーマ」は、このエッセイでも、もう何度か登場していますよね。デザインはごくごくシンプル。だからこそ、色によってまったく印象が変わるのには、いつも驚いてしまいます。中でも、ティーマの黒はとてもスタイリッシュな印象。ただし、かなりインパクトがあるので、おすすめは他の色や柄と組み合わせて使うこと。同じイッタラの、「ブラック・パラティッシ」と重ね使いしてみるとぴったり！ プレートだけではなく、もう1ヵ所、黒を入れるのがコツ。黒い麻のナプキンでキリッと引き締めてみました。黒にはグリーンが似合うって気づいていました？ テーブルのセンターにはローズマリーの鉢植えを置いて、夏の食卓の完成です。

手間をかけて作ってくれた梅だから、1杯のドリンクも美しく——と思うのです。アンティークのフォークとミントは大切なアクセント。

思いやりの手仕事

2年続けて、友人が「梅仕事」をおすそ分けしてくれました。「梅仕事」とは、自家製の梅干しや梅酒など、梅を使った手仕事をいいます。梅の実がお店に並ぶと早速、買い求め、ひとつひとつヘタを取って漬けていくそう。そんな手間ひまかかったものをいただくのは、本当にうれしいものです。でもそれだけではなくて、「これで夏をのりきってね！」というメッセージつきでした。プレゼントはすべて、相手を思いやることから始まります。相手は何が欲しいか、と考えがちですが、それ以上に大切なのは、相手にとって必要なものは何か、ということ。黒糖漬けの梅は、ミントを入れて炭酸水で割って、毎日いただきました。おかげで今年は夏バテ知らずです！

自然の枝なので、ひとつひとつ形の違うフック。うちでは帽子かけにしています。

あなたの「家のキャラクター」は何?

　自宅をリノベーションするとき、家のキャラクターを決めました。マンションですが、「つるピカじゃない家」。つるつるピカピカしたもの、特にプラスチックは極力排除したい。壁は漆喰にし、古材の柱や板を部分的に使い、カーテンレールはアイアンに。家具もアンティーク中心。収納はカゴや木の箱に。そうすると引っ越してすぐ、家人がこう言いました。「この家に似合うものは、この家が教えてくれるね」と。もの選びがとても簡単になったのです。写真のフックは、自然の枝を切り取っただけのもの。こうしたものが似合うのも、家のキャラクターに合っているから。白いモダンな家では相性がよくありません。あなたの家のキャラクターは何でしょう? 小さなものから、家に合うものを探してみてください。

イギリスのヴィンテージ、スージー・クーパーの器。おそらく1930年代のもの。ピンクの繊細なバラの絵付けが、ほっと気持ちを和ませてくれます。
Special thanks／Mr.Chris Dee

自分にいちばんよい器を

『ロスチャイルド家の上流マナーブック』という本を読んだのは、ずいぶん前のことですが、その中で心に残っている文章があります。それは、大切なお客様にしないことは、自分自身に対してもしない、ということです。お客様に欠けたティーカップでお茶を出さないように、自分にもいちばんよい器を——自分を大切にするということは、そういうことなのだと思います。写真の器は、イギリス人の友人が日本に来るときに、手荷物にして持ってきてプレゼントしてくれた、アンティークのカップ&ソーサーとケーキ皿のセットです。貴重なものだとわかっているので、使うことをためらってしまいがちですが、お客様に出すように、ちゃんとセッティングして、花も添えて、ていねいにコーヒーをいれる。それは自分に対してのリスペクトの形。誰よりも、自分が自分を認めてあげること——ときどきは、それを形にすることが大切なのではないでしょうか?

柳宗理の「エレファントスツール」は、名作椅子のひとつです。もちろんリビングやガーデンでも使えます。低めで安定感がある3本脚。スタッキングもでき、素材はポリプロピレンなので水にも強い。

シャワーブースに椅子を置く

うちのお風呂はシャワーブースとバスタブが別になっています。リノベーションのときにバスタブを置き型にして、部屋との境目をなくしました。この効用はいろいろあって、

1. シャワーを浴びる回数のほうが多いので、シャワーブースなら掃除が楽。
2. バスタブで本を読んでも本が湿気らない。
3. 見通しがいいので、お風呂に入っていても開放感がある。

シャワーは体を洗う場所、バスタブはくつろぐ場所、と考えていたのですが、あるとき思い立ってシャワーブースに椅子を置いてみたら、これがいい！　シャワーもくつろいで浴びられます。椅子は、柳宗理デザインの「エレファントスツール」。お風呂用ではないのでちょっと大きめ。短いシャワータイムも、椅子ひとつで変わりますよ。

スタイリッシュな同じ瓶でなくても、シンプルなものなら、並べると「絵」になります。

「ひと手間」が変える
キッチンの景色

なんとなくキッチンが雑然として見える、という理由のひとつに、開封した食品の袋がたくさんある——というのがあります。これは、多くのお宅の撮影に伺っていて発見したこと。特に理由はなくても、開封した袋（口は閉じているけれど）をキッチンの見える場所に置いていませんか？　私はそんな場合のために、空き瓶をいつもストックしています。そしてとにかく、瓶に移す。このひと手間だけなんです。それでびっくりするくらい、キッチンの景色が変わります。ジャムの瓶、コーヒーの瓶……シンプルで柄や色のない使えそうな空き瓶は、ラベルを剥がして取っておきます。瓶ごとしばらく水につけておくと、ラベルはきれいに剥がせます。

子供用の木の椅子は最初から適当に(!)エイジングしていました。古いもの好きなのでうれしい。

78

朝のコーヒーはベランダで

私にとって、ベランダの小さな庭はなくてはならないものです。最近は、朝起きたら、まずは外に出てコーヒーを飲む、という習慣ができました。そうなったのは、マグカップを置ける小さなテーブル (?) とスツールを、手すりのそばに用意したから。元々、テーブルと椅子はあるのですが、朝はゆっくり座る感じではありません。ある日思いついて、小さな木の椅子（家人が拾ってきたもの）をS字フックで手すりに引っ掛けたら、マグカップ用のテーブルに！　スツールに座ると眺めもよく、ちょうどいい高さ。実は夜景にも絶好のポジションです。こんなささやかなことで、時間の過ごし方って変わるんですね。

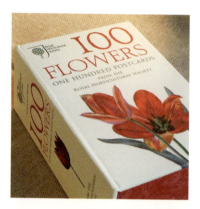

これは紀伊國屋書店で見つけた花のカード。本のようなボックスに、100種類の花カードが100枚入っています。切手や万年筆とまとめて置いています。

お礼状のためにしている3つのこと

「ヴァンテーヌ」という女性誌をやっていた頃、お礼状や手紙の書き方のテーマは、もっぱら私の担当でした。年相応の書き方やマナーは知っていたほうがもちろんいいのですが、ことお礼状に関していうと、とにかく早く出すことに尽きる気がします。メール中心の時代だからこそ、どんな簡単なものでも手紙は「効く」。素早いお礼状のために私がやっているのは──、

1. 誰にでも出せるカードを用意しておく。
2. 万年筆と切手をカードと一緒に置いておく。
3. その日のうちに書く。

カードの絵は、花やアートなど、当たり障りのないものがいい。そしてたくさん用意しておきます。相手も自分も気持ちよくありたいから、お礼状を大切にしたいと思うのです。

ドイツ・ベルリンにある窯、クーン ケラミックの器。日本では
H.P.DECO などで扱っています。私はこれにアイスクリームを盛ったり、
クッキーを入れたりもしています。
金継ぎ／黒田夏子 http://www.kurodayukiko.com/

「金継ぎ」、世界にひとつだけの美

　ミラノで見つけて、大切に持って帰ってきたカップを割ってしまいました。それも7ピースという、かなり派手な壊れ方。でも、どうしても諦めきれず、初めて「金継ぎ」をお願いすることにしました。預けてから4ヵ月。えっ！　そんなにかかるの！　と驚いたのですが、漆で接着し、乾かし、その上にまた漆の線でお化粧し、また乾かす——それには長い時間がかかるのだそうです。金色だけと思っていたら、銀も黒漆もあることを、金継ぎ師の黒田雪子さんに教えていただきました。黒田さんの手で、愛しまれた器は、黒漆の線がきりりと映える姿になって戻ってきました。世界にひとつだけの美。「金継ぎ」は、使い続けるために先人が生み出した美しさだと思います。

家が連なった柄の壁紙はイギリス製で、イタリアのブランド、フォルナセッティのモチーフ。個性的な壁紙は一面だけ貼るのがおすすめです。アンティークの棚はネットで探しました。造作棚よりずっと安くあがりました。
写真／Naoki Kimura　http://naokikimura.com/

トイレも「ひとつの部屋」

以前、木のフックをご紹介したとき（P128参照）、「後ろの柄のようなものは何ですか?」という質問をいただきました。実は、それはトイレのドアの壁紙だったのですが。リノベーションのとき、トイレだけはちょっと遊んで、気に入った壁紙を貼ってみました。ドアと、中の正面の壁を同じ柄にし、壁の左右は違う柄に。小さなスペースだから、思い切ったことができます。味気ない収納棚を作るよりはと、アンティークの棚をつけ、ここにトイレットペーパーや本を入れています。壁にはモノクロの写真を額に入れて掛けました。狭いのでできることは限られていますが、トイレも「ひとつの部屋」。少しだけ心地よく、楽しくする方法を考えてみませんか?

イギリスのマナーホテルのダイニングルーム。素朴な木の丸テーブルとイタリアのモダンな椅子の組み合わせが素敵でした。

丸テーブルにしませんか?

　自宅のダイニングテーブルは楕円形です。120cm×80cmとそう大きくはないのですが、2人の食卓としては充分です。でも不思議なことに、このテーブル、4人でも6人でもOKなのです。もちろん少々窮屈にはなりますが……。もともと、私は丸テーブル好き。編集部の打ち合わせ机も、直径140cmの円形の木のテーブルをオーダーで作ってもらいました。丸テーブルのよさは、人との距離が近く、親密な感じになること。脚が中央についているテーブルは、何人でも、奇数でも座れること。そして、角がないので部屋の真ん中に置いても動線をじゃましないことです。こんないいことずくめの丸テーブル、食卓の買い替えを考えていたら、ぜひ候補にしてくださいね。

20年くらい前に買った、イギリス、ロイヤルウースターの「ラビニア」のカップ＆ソーサー。ブラックベリーの柄です。ティーストレーナーはイギリスのアンティーク。ガラスの小皿をストレーナーの受け皿にしています。

つらいときこそ「お茶にしましょう」

連休中、イギリスを舞台にした本を読み返していました。ロザムンド・ピルチャーの『帰郷』。この本を読むのは10年ぶりくらいです。つらい場面になると出てくるのが、「お茶でも飲んで一息つきましょうよ」という言葉。こうしたときのお茶は、紅茶とビスケットくらいの簡単なものですが、生活の句読点であり、気持ちを立て直す役目をしているのですね。私の場合は、ポットとティーストレーナーを使ってお茶をいれるのが、ひとつの区切りのつけ方です。ポットに熱湯を注ぎ、ティーストレーナーでいれる、その「とどまる時間」が大切なのです。それぞれに自分なりのリセット法をもっていると、人生が少しだけ生きやすくなるのではないでしょうか？

『生きる』詩／谷川俊太郎 写真／松本美枝子（ナナロク社）

くじけそうな朝は、
声を出してこの詩を読む

ベッドサイドに立てかけてある本。谷川俊太郎さんの『生きる』という詩に、松本美枝子さんの写真を合わせた一冊です。誰にでもくじけそうな朝はあるものです。そんなとき、私はこの本を手に取り、声を出して読んでみます。「生きているということ　いま、生きているということ」という言葉から始まる詩は、なんと深いことでしょうか。何のためにこれをしているのだろう、この先どうなっていくのだろう——そんな不安や戸惑い。理由もなく暗く、気分が落ち込んだとき、声を出してこの詩を読むと、気持ちが上がっていくのです。生きるとは「今」なんだと思い出させてくれる本。これも私にとって、「ひとつのインテリア」です。

切るだけ、盛るだけのドライフルーツやハム、サーモン、オリーブ、ピクルスも、こんなふうに盛りつけを工夫すると、おもてなしのひと皿に。

友人が教えてくれた
おもてなしの形

先週、セミナーのために、日帰りで盛岡に行ってきました。盛岡には学生時代からの親しい友人がいます。朝一番の新幹線で彼女の家に。短い時間を少しでもゆっくりしましょう、と自宅でランチを用意してくれていました。ていねいに作った野菜たっぷりのポトフ、ライ麦パン、ドライフルーツやサーモン、ハム。シンプルで豊かな、手作りの味です。このランチを用意するのに費やしてくれた時間を思い、胸が熱くなりました。彼女のお母様は介護が必要で、彼女は週の半分、長時間かけて実家に戻っているのです。けれど、そんなことは少しも感じられないほど、家はすっきりと片付き、行き届いています。「できることを精一杯する」──それは最高のおもてなしでした。

レデッカーのブラシはインターネットでも購入可能。これは、葉山にあるイノセンスというショップで。レデッカーの正規代理店です。一部のインテリアショップでも扱っています。

「景色がいいもの」を使いたい

部屋に何も出ていないようにすっきりしまい込むよりは、適度にものに囲まれているほうが好きです。ですから、置いてあっても意識に引っかからないものを選ぶようにしています。プラスチックや派手な色は極力避ける。いちばん難しいのは掃除道具です。最近、ドイツのレデッカーのブラシに出会って、すっかり気に入ってしまいました。写真はお風呂用のブラシ。すべて天然素材の手作りです。質実なドイツの製品らしく、実用的に作られていて、このブラシを使い始めてお風呂洗いが早くなりました。こういう道具は出しておいても「景色がいい」のです。少し価格が高くても、その気持ちよさには代えられないと思っています。

北海道の東川町にある「Villa ニセウコロコロ」のキッチン。一棟貸しの別荘なので、家族で滞在するのにぴったりです。大雪山を望む美しい田園風景にいやされます。

「多すぎない」ことの大切さ

それは小さなキッチンでした。北海道の貸しヴィラでのこと。北欧風の建物は清潔感にあふれ、ゆったりとして心地よく、キッチンも使いやすく整えられていました。調理道具もひと通り揃っています。フックに掛けたり、棚に置いたり……と、すべてキッチンの中に収納してあるわけではないのに、なぜかすっきり。その理由は、量でした。本当に必要なものだけが厳選されて置かれているのです。私たちは、ともすると収納のための収納を作ってしまいがちです。でも、いちばん大切なことは、「多すぎない」量をキープすること。片付けも簡単で、出しやすく、管理しやすい量。収納の基本を教えてくれたキッチンでした。

ヴィンテージの木のテーブルに、さまざまなデザインの椅子。「好きなもの」を集めた心地よさにあふれたダイニングです。設計／スタジオ CY（堀内 雪＋堀内 犀(サイ))

ダイニングチェアは
バラバラがいい

お揃いの統一感は捨てがたいのですが、ダイニングチェアはバラバラのほうが、本当は実用的です。お父さんと子供、体型も身長も違うのに、同じ椅子で座り心地がいいわけはありませんよね。大人同士でも、ぴったり合うシートハイは微妙に違うもの。ですから、家族それぞれが座りやすい椅子をもつのが理想だと思うのです。そんなときのテーブルは、がっしりした木のテーブルがいいですね。どんな椅子も受け止めてくれますから。バラバラの椅子ではまとまりがなさすぎて……というときは、色を揃えてみましょう。木の色の椅子にするとか、デザイン違いの黒にするとか。この方法、価格のメリハリがつけられるので、予算が限られているときにもおすすめです。

モノクロームのオリジナルプリントの写真。NY在住の写真家、木村尚樹さんの作品です。
写真／Naoki Kimura　http://www.naokikimura.com/

大きなアートは床に置く

4年前にリノベーションをして漆喰の壁にしてから、簡単に釘を打つことができなくなりました。それと同時に、白い漆喰の壁の美しさをできるだけそのままにしておきたくて、大きなアートは直接、床に置いています。小さな額では収まりが悪いのですが、高さがある大きな額なら、床に置くのも様になりますし、視線が低くなる分、距離も近くなるので、細部の美に気づくことも多いのです。冬、日差しは低くなり、部屋の奥まで光が差し込んできます。朝、目覚めたとき、美しい光がアートを輝かせていました。大きなアートを買うのは、ちょっと勇気がいることかもしれません。でも、自分を慰め、励ましてくれるアートと出会うことができたら、それはとても素晴らしいことです。

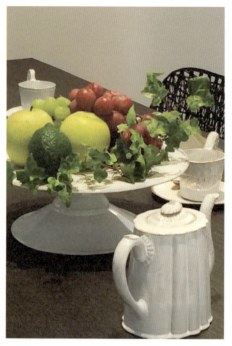

果物を盛った器はフランスのブランド、アスティエ・ド・ヴィラットのもの。少し歪なフォルムがアーティスティック！

果物を美しく飾る3つのコツ

以前に、果物を飾りましょうと書きましたが、「うまくいかないんです」という声をお聞きしました。そこで、コツをお話ししますね。

1．色。おしゃれにまとめたいなら、赤やオレンジは避けてグリーンを。青リンゴ、マスカット、ライム、アボカドなど。アクセントには、渋いワイン色のブドウや巨峰を使います。

2．丸い果物だけにしないこと。レモンやライム、ブドウなどを加えましょう。

3．グリーンの葉をあしらうこと。簡単なのはアイビー。鉢植えや庭から1枝切り取り、根元を濡らした紙で巻いてラップかアルミホイルで包むとしおれず長もちします。葉を加えるのは、果物を盛った形を単調にせず、動きを出すため。私たちが撮影で使うテクニック。どうぞ、お試しを！

このアンティークのハンガーをモチーフにした壁紙は、輸入壁紙を扱っている WALPA で購入できます。壁紙の貼り方の動画も参考に。 ソファはイタリアのジェルバゾーニのものです。

インテリアをガラッと変えたいなら、壁紙！

日本の多くの家の壁はビニールクロスです。壁紙はほとんど使われていません。何が違うかというと、紙かビニールか、まさにそれ。紙なんて汚れてしまうのでは、と心配かもしれませんが、ビニールクロスだって汚れます。いちばんの違いは質感、そして柄。以前、自宅のトイレをお見せしましたが（P142参照）、正面の壁に使っているのはイギリスの壁紙です。壁紙にも流行はあって、今のものはなんとなく今の気分を反映しているからおもしろい。もし、インテリアの印象をガラッと変えたいなら、壁の一部でいいので、壁紙を変えてみましょう。トイレや廊下、リビング、いずれも一面だけ、柄の壁紙にするのがおすすめです。

去年のお誕生日にいただいたアレンジメント。自分で飾る花はいつもシンプルですが、この複雑な色合いに引き込まれました。

パープルはどんな色とも合う「効かせ色」

インテリアは、どうしてもベージュやグレー、ブラウンといった、ベーシックカラーが多くなります。アクセントに色を加えたいと思っても、意外と難しいもの。でも、実はこうしたベーシックカラーのどれにでも合う「効かせ色」があるのです。それは、パープル！　自宅の唯一のパーソナルチェア、「スワンチェア」もパープルですし、黄色のソファに合わせる冬のクッションもパープルです。赤と青を掛け合わせたパープルは、赤みがかったもの、青みがかったものと色の幅があり、赤みパープルはブラウン系と、青みパープルはグレー系と合います。できればパープルをグラデーションにすると奥行きが増しますよ。この花束のように――。

イギリスのコッツウォールド地方にあるバーンズリーハウスは、庭も有名。美しいキッチンガーデンもある。朝、庭を散策するのは至福のひととき。

93

モスグリーンと白の清潔感

イギリスのコッツウォールドにあるホテル、「バーンズリーハウス」に泊まったときのこと。ベッドルームの壁は美しいモスグリーンでした。ベッドはシーツも枕も白一色。ベッドの上には、白のバスローブが端正に置かれています。清々しい空間に漂う清潔感と穏やかさは忘れられないものでした。インテリアというと、どうしてもプラスすることを考えてしまいがちです。けれど、いちばん大切なのは、清潔感ではないかと思うのです。白という色は厳しい色です。少しの乱れも、汚れも受け入れません。シワひとつないシーツや枕カバーのパリッとした質感は、ラグジュアリー。そして、その白を引き立てているのが、モスグリーン。壁に色を使うならこうありたいと思うお手本でした。

おもてなしのアイデア

まずは「小さく、たくさん」準備する

クリスマスからお正月にかけては、パーティをしたり、お客様がいらしたりということが多い時期ですね。そこで、10の私流おもてなしの考え方やヒントをお届けしたいと思います。何かひとつでも参考にしていただければ、と思います。さて、写真はインテリアショップでのレセプションのひとこま。パーティの始まりに、こんなふうに並べておくと手間も省けます。小さなプラスチックのコップに果物やドライフルーツ、あるいは野菜スティックなどを彩りよく入れて。小さなフォークやピックをつけておくといいですね。ポイントは、「小さく、たくさん」。量があることでおもてなし感を出せます。

95

テーブルに少し「色」を加える

少ない人数の食事なら、テーブルセッティングをしたいもの。といっても、いつもの器を少しアレンジするだけでいいのです。テーブルクロスかプレースマットを敷くと、まとまりがつきやすくなります。ナプキンはできれば布のものを。以前、取材に行った海外のお宅で日本手ぬぐいをナプキン代わりにしていたことがありました。白は正装感を出せる色ですが、家での親しい方の集まりなら、少し色を加えることをおすすめします。テーマカラーを決めておいて、花の色やナプキンの色を揃えてみましょう。私がよく使うのはパープルの差し色。料理との相性もいいので、普段からパープルのグラスとナプキンを揃えています。

おもてなしのアイデア

96

「冷たいもの」は冷たいままで

パーティでタイミングよく料理を出すのは難しいものです。でも、熱いものを熱く、冷たいものを冷たくお出しするのは、おもてなしの基本ではないでしょうか？ タイミングを計り、いちばんよい状態で召し上がっていただく。そのためには、前もって準備しておくことはもちろんですが、ちょっとした工夫も必要です。先日行ったレストランでこれはいいと思ったのは、グラスの活用。サラダを1人分ずつ、グラスに入れて冷蔵庫で冷やしておきます。お出しするときは、お皿にのせてドレッシングをかけるだけ。お皿だと場所をとるので、冷蔵庫に入れておくのも大変ですが、グラスならOK。サラダ以外にも前菜やパテなどにも応用できそうですね。

花があると、空間がみずみずしくなる

　自宅でのパーティでは、お客様が花を持ってきてくださることもあります。ですから、私は大きなアレンジメントをバーン！と飾ったりはしません。ただ、場所をとらない小さな花束を2ヵ所くらいに飾ります。これならいただいた花を飾るスペースもあります。花はささやかであっても、空間をみずみずしく、生き生きとさせる効果があり、おもてなしの仕上げにはなくてはならないものです。ただし、花そのものは少なくても大丈夫。写真は、近所の小さなお花屋さんの店頭で見つけたもの。アネモネとユーカリ、パープルとシルバーグリーンの組み合わせがとてもおしゃれ。こんな花束を水差しやグラスに挿して、お客様を迎えましょう。

おもてなしのアイデア

98
取り皿だけ「盛装」する

集まる人数は4人。こんなおもてなしが実はいちばん気をつかいます。8人以上の大人数なら、ビュッフェ形式にできますし、バラバラのお皿もかえって楽しい。でも、4人ということになると、テーブルで座ってゆっくり、ということに。セッティングもおしゃれにしたいし、お料理も……と欲張ってしまいがちです。私は4人の場合でも、大皿からの取り分けにしています。料理は1品ずつ、大きめの器に盛ったものを真ん中に。そのほうが自分で量を調節できますし、気軽です。ただし、取り皿とグラス、カトラリーは少しよいものを。それが整っていれば、ぐっと盛装感が増します。

写真はフランスのリモージュ焼でレイノーというブランドのもの。珊瑚の模様が大人っぽく可愛い。

頑張りすぎずに、心を尽くす

盛りつけのこと、器のこと、花のこと……でも、いちばん大切なのは「頑張りすぎない」こと。おしゃれに、センスよくと思うのは当然ですし、そのための工夫も必要ですが、目的を見失っては意味がありません。おもてなしはお客様が喜んでくださることがいちばん。いらした方が笑顔で「あっという間だった！」とおっしゃってくださったら、大成功！
お料理が少しくらいうまくいかなくても、お花を買い忘れても、どうということはありません。楽しんでもらうにはどうしたらいいかを考えましょう。もちろん、キッチンにこもりっきりなんてだめ。楽しいおしゃべりに勝る、「美味しい」はないのです。

花がなければ、グリーンだけでもOK。ベランダの鉢から切ったユーカリも立派なアレンジメントです。

おもてなしのアイデア

パウダールームは
「水栓、タオル、石鹸」がポイント

お客様がいらっしゃるとなると、まずは掃除。でも、掃除にもコツがあります。掃除機をかけて、ほこりをはらったあとは、玄関、トイレ、洗面所の3ヵ所を重点的にチェック。特にパウダールームは最初に手を洗う場所。次の3つをクリアしてくださいね。

1. 水栓金具をピカピカにする。これは撮影のときにもマスト。印象が決定的によくなります。ホテルの清潔感は、光りものがきれいだから。

2. 1枚ずつ使えるタオルを置く。タオルは使ったら、カゴなどに入れられるように。

3. 石鹸を新しくする。石鹸入れもきれいに洗い、新しい石鹸を。使いかけのものは生活感が出てしまいます。これで用意は万全です！

101

ソファはクッションを膨らませる

リビングの主役はソファ。でも、ソファの手入れってあまりしていないのでは？ ソファにもほこりはたまります。溝の汚れは掃除機をかけてきれいに。フェザーの入った座面や背もたれ、ぺしゃんこになっていませんか？ そんなときは、左右から叩いて膨らませましょう。これはクッションも同じ。正面から見て、両側のラインがへこんでいるようにふっくらさせると、ソファの表情がガラリと変わります。イギリスのホテルでは、お客様がラウンジのソファから離れるたびに、スタッフがクッションを膨らませていました。さらに、寒いときのために、スローをたたんでソファに置いておきましょう。

おもてなしのアイデア

和の食器は「白い器」だけを集める

お正月近くなると、なぜか「和」の気分になりますよね。私がおすすめしたいのは、すべて「白い器」で揃えてみること。おもてなしの食卓でも、白い器は映えます。和の器は、土によって色みも違い、質感も違います。けれど、「白」なら、その違いがかえって美しく引き立つのです。洋の料理が合うのもうれしいところ。形は円形だけでなく、四角や木瓜形などいろいろあるほうが楽しい。おもてなしで美しく料理を盛るポイントは、余白を多めにとって盛りつけること。器にもよりますが、少なくとも3割は余白を残しましょう。料理だけでなく、器も見せるつもりで盛ってみてください。

おせちは漆器に盛って「ささやかな形」で

　お正月のおせち、実は私はかなり手抜きです。三が日のおよばれでしっかりいただくこともあり、家人とふたり、元日の朝だけのものだからです。けれど、新しい一年を始めるにあたり、日本古来の形は大切にしたいと思っています。毎年、必ずお正月に使う器があって、それは朱のお盆と高坏の盛り器、そして九谷焼の平皿です。あとは普段使いの小皿。お盆に小皿を並べ、それぞれに「おせちもどき」を盛りつけます。仕上げは普段も使っている大きなお椀で、関東風のお雑煮です。漆器は英語でjapanといいます。立派なお重でなくても、お正月にはもっともふさわしい「美しい器」だと思います。

アートの飾り方

QUESTION

✖ リビングの壁が殺風景です。
何かアートを飾りたいと思っていますが、
どのようなものを飾ればよいのでしょうか？

上／イタリア・ミラノで取材に行ったお宅。ここは家族のテレビコーナーです。人物の写真だけで構成しています。フレームの太さが違う額の飾り方を参考に。
左／私の自宅でもモノクロ写真を飾っています。壁があまり多くないので、3ヵ所ほど額を掛けられるフックをつけ、季節によって掛け替えています。

ANSWER

まずは、モノクロ写真にトライしてみてください！

モノクロ写真は、インテリアの「つなぎ役」に

「壁にどんなアートを掛けるか」。白い壁のままでは寂しい、何か飾りたいという気持ち、よくわかります。それは感覚的に、空間のフォーカルポイントを求めているのだと思います。私がおすすめしたいのは、モノクロの写真を飾ること。モノクロ写真は、色がない分、抽象化されていてどんなインテリアにも合います。また、モダンな印象とアンティークな印象の両方をもっているので、さまざまなテイストのインテリアの「つなぎ役」にもなります。ギャラリーで写真を買うのはちょっとハードルが高いというのであれば、まずは自分で撮った花や子供の写真を大きくプリントして飾るのもいいですね。複数飾るときは、人物、海などテーマを決めて。写真は、必ずマッティングして額装しましょう。額は極力シンプルなものを選ぶのがコツです。

🏠 おすすめのギャラリー
六本木の「IMA ギャラリー」は、手頃な写真からファインアートまで揃っています。写真集も豊富。カフェもあります。

🏠 おすすめの額装屋さん
新宿の「世界堂」に、手頃な額が揃っています。写真や絵を持っていけば、その場でマッティングも頼めます。

QUESTION

見える収納

✖ 物が置きやすいキッチンカウンター。
気づけば、いつも雑然としてしまいます。
すっきりさせるコツ、収納アドバイスがあれば
教えてください。

ANSWER

見える収納を美しくするセオリーはたった3つ!

自分にとっての心地よさを追求しましょう

「見える収納をきれいにしたい」。難しそうに思える
けれど、ファッション同様、セオリーを知れば不可
能ではありません。いちばんごちゃごちゃしがちな
キッチンのカウンターや棚の上。とりあえず、次の
方法を試してみてください。

1. 同じ色どうし、サイズどうし、素材どうしはそ
れぞれ集めて置く。

2. 統一感のないものは、カゴやトレイに集めて
「固まり」にする。

3. 例外をつくらない。

え、これだけ? と思うかもしれませんが、今まで
多くの実例を見てきて分析した結果、導き出した結
論です。整理整頓は、面倒くささが先に立ちます
が、自分がその状態を心地よいと思えれば手を動か
す動機になるのでは? 逆に散らかっていても心地
よいのなら、それもありだと思います。

左上/建築家・デザイナー、ピエロ・リッソーニのトスカーナの
別荘。キッチン&ダイニングとリビングの間仕切りも兼ねて置い
てあるガラスの収納棚ですが、本当にきれい! サイズ、色、素
材……「分類して固める」の典型です。
左下/同じトスカーナの別荘のキッチンの棚の上。決して、ディ
スプレイのようではないのに、ごちゃごちゃ見えないのは、高さ
別に固めて置いているから。ぎっしり置く=「固める」のがコツ。
「自分にとっての心地よさ」を追求しましょう。

181

くつろげるリビング

QUESTION
✖ 狭くてもくつろぐことができるリビングの作り方の
コツはありますか？

上／イタリアの家具ブランド、ジェルバゾーニのミケーレ社長の
自宅。テレビ用のベッドのようなソファコーナーが家族のお気に
入りだそう。スペースにぴったり合わせたリラックスできるソフ
ァは、オーダーで製作したもの。
下／タイ・プーケットのリゾートホテル、ポイント・ヤム・バイ・
コモのリビング。ゆったりとしたソファはパオラ・ナヴォーネに
よるもの。「広さ」とファブリックの気持ちよさがポイント。

ANSWER

くつろげるリビングのためには「大きめソファ」を！

ソファを選ぶ前に、
まず自分がどんなふうに過ごしたいかを考える

くつろげるリビングになるかどうかは、ソファ次第
です。ソファは座りにくかったり、小さかったり、
自分がしたい姿勢に合っていなかったりすると、途
端に居心地が悪くなります。私自身がソファの買い
替えのとき考えたのは、自分はどういうふうにくつ
ろぎたいのかということでした。寝転びたいのか、
きちんと座りたいのか。それによってソファ選びは
大きく違うからです。結局、ゴロゴロできるのがい
いと、低めで座面の広い黄色のソファを選択しまし
た。リビングが広くないのであれば、あえて大きめ
のソファを選ぶことをおすすめします。狭いほどい
る場所は限られてくるので、ほとんどソファの上に
いることになるからです。カバーやクッションも重
要。肌触りがよいと、ぐっと心地よさが増します。

カーテン問題

QUESTION

✖ カーテンは壁紙の色と合わせればよいのでしょうか？

✖ カーテンやブラインドをつけたくないのですが、近隣の目が気になります。

✖ 何度替えてもカーテンがしっくりきません。カーテン選びのポイントは何でしょうか？

上／自宅のカーテンは麻のシーツ。長さを合わせて折り曲げ、カーテンクリップで留めています。汚れたらすぐ洗濯して、いつもサラサラです。
左／古い日本家屋に住んでいる知人は、麻の布を買ってカーテンを手作り。光に透けるシワもいい感じですが、注目してほしいのはこの量感。引きずる長さ「ブレイク」があるからこそ、きれいなのです。

ANSWER

カーテンは「量感」と「質感」が大切です。

カーテンは目的によって選ぶものが違ってきます

そもそもなぜカーテンが必要なのでしょうか？　眩しいから？　夜、外から見えないようにするため？それとも、冬の暖房効果でしょうか？　カーテンは目的によって選ぶものが違ってきます。暖房効果を高めたいなら、厚手で引きずる長さの、窓全体をすっぽり覆うものでなくては。それに対して、日差しや視線を遮りたいだけなら、薄手のカーテンで充分です。色や柄のカーテンは、存在感があるので大きな部屋に。私自身は、部屋が広く感じられるよう白い壁に馴染ませたかったので、麻の布をさらりと1枚、カーテンクリップで留めているだけです。洗濯も簡単ですし、影の映り込みが美しいのです。カーテンのポイントは、「質感」と「量感」。化繊の布は極力避けましょう。そして、たっぷりの長さと幅をもたせること。引きずると汚れるからと、日本では短めに仕立ててしまうことが多いようですが、カーテンは布そのものを楽しむアイテム。布のたるみでできる「ブレイク」が、布の質感を際立たせます。

108

器の収納

QUESTION

✼ 下田さんは食器をどのように収納されていますか？
見映えがよく、しかも
使いやすい収納方法があれば教えてください。

［見せない収納1］
頻繁に使う洋食器や和食器は引き出し収納に。洋はスタッキングできるイッタラの「ティーマ」が中心。マグカップも季節によって色やデザインの違うものと入れ替えます。

和はお椀やお茶碗、小皿、急須まで、大きな器以外は、ここに。

［見せない収納2］
キッチンカウンターの前面は造作収納。グラスや普段使わないものは、ここに。見せない場所なので、重ねたりもし、ぎっしり入れています。

ANSWER

「見せる収納」と「見せない収納」に。

「引き出し収納」をフル活用しています

器でも本でも、収納は「見せる収納」と「見せない収納」に分けるのが私流です。普段頻繁に使うものは、洋も和もキッチンの引き出しに。引き出し収納の利点は、奥のものも下の器も取り出しやすいこと。器は使っては洗い、しまうを繰り返すので、引き出しの場所はシンクの近く。そして引き出しの中は季節ごとにチェックして、キッチンカウンターの前面の造作収納（ここが普段使わない器のストック場所）の器と入れ替えます。こうして引き出しの器は、常にフルに使うものだけに限定しています。一方、アンティークの食器棚にあるのは、クリスタルのグラスやカップ、シルバーの小物など「美しいもの」。見て楽しく、使いたくなる収納です。出番によって器の収納場所を分けてから、しまいっぱなしの器は少なくなったように思います。

[見せる収納]
アンティークの食器棚。ガラスなので中のものが美しく見えるよう、バランスを考えて。上段は銀器、中段は陶器、下段はグラスを入れています。

QUESTION

✖ キッチンの作業スペースやカウンターまわりが、どうしても雑然と散らかってしまいます。すっきりさせるコツはありますか？

キッチンまわり

ANSWER

少しの汚れや乱れを直す手間を惜しまないこと。

私の自宅キッチン。あなたはどちらが好きですか？

キッチンが散らかって生活感が出てしまう、という質問をたくさんいただきました。キッチンは、使うたびに汚れたり、散らかったりする場所。でも、だからこそある程度スペースを空けておかないと、作業効率がとても悪くなります。これは仕事でも同じこと。机の上が片付いていないと、仕事はスムーズに進みません。でもね、私個人は、何もないキッチンより適度にものが出ているキッチンが好きなんです。掃除の手間は増えるけれど、楽しくキッチンを使いたいと思うから。どんな場所でも、自分が好きなもの、納得できるものに囲まれていることは大切です。一方で、手を動かして、ちょっとした汚れや乱れを直す手間を惜しまない。そんな心ばえが「きれいな生活感」をつくるのだと思います。

左上／私の自宅キッチンです。これは、すっかり掃除した直後に撮った、カウンターの上に何もない状態。すっきりしていて、掃除しやすいのですが、私自身は自分の身近なものが適度にあるほうが好きです。

左下／これが普段の自宅キッチン。よく使うコーヒーセットや家電は出しっぱなし。ホウロウのボックスは本来、ガーデン用の種入れですが、色が気に入ったので、キッチンで乾物入れにしています。ときどき点検して、ものを減らしたり、配置を変えたりします。
私の自宅キッチン、あなたはどちらが好きですか？

あとがきに代えて――

インテリアは人生の一部なのです

撮影／下村康典　設計／サポーズデザインオフィス
（谷尻 誠+吉田 愛）

　4年前、10年ほど住んでいたマンションをリノベーションしました。家族2人で70㎡。内装をすべて取り払い、キッチンもお風呂も場所を動かし、まったく違った空間になりました。整理し残ったのは、今まで使い続けてきた家具であり、身のまわりに置いていたものばかりでした。

　30代より40代、そして50代になってますます、「今」という時間を大切にすることが生きること、と思うようになりました。過去を悔やんでも、未来を憂えても、問題は解決しません。それなら

ば、この瞬間、笑顔でいることを考えよう——そう思えるようになったのです。整った空間や美しいものがある自分にとっての心地よい空間は、その瞬間を支えてくれるものです。インテリアのショールームのようである必要はないし、家族が笑顔でいられるなら、部屋が散らかっていても構わないと思います。私自身、いつもすっきり片付いた部屋ではありません。けれど、花を飾ること、ものの置き方を整えること、料理の盛りつけや器を新しくすること、そんな小さな部分を変えることで、日々の暮らしはリセットできます。

　いつかやろうと思っているうちに、時間は過ぎていってしまいます。あなたとあなたの家族の幸せは、この「瞬間」にあるのです。

　今いる場所で、今できることを——インテリアはあなたの人生の一部なのですから。

　　　　下田結花（「モダンリビング」パブリッシャー）

Special thanks :
Naoko Ookusa
Youko Oomori
Mika Aiba
Kayoko Wakayama
Staff of MODERN LIVING
and My family

下田結花（しもだ・ゆか）
1959年4月5日生まれ。ハースト婦人画報社「モダンリビング」パブリッシャー（発行人）。旧・婦人画報社（現・ハースト婦人画報社）に入社。料理の書籍、マナー、メイク、着物の別冊などの編集を経て、雑誌「ヴァンテーヌ」に14年間在籍。2003年より13年間「モダンリビング」編集長を務める。現在、「モダンリビング」の全体を統括するとともに、ウェブサイトで発信。インテリアのプロから一般までを対象に、幅広くインテリアの講演・セミナーなども行っている。

撮影　下村康典

ブックデザイン　若山嘉代子（L'espace）
撮影　下田結花

本書はwebマガジンmi-molletの連載「インテリアの小さなアイデア」を加筆、改筆し、再編集したものです。

心地よく暮らす
インテリアの
小さなアイデア
109

2016年7月21日　第1刷発行

著者　下田結花
©Yuka Shimoda 2016, Printed in Japan
発行者　鈴木　哲
発行所　株式会社 講談社
〒112-8001　東京都文京区音羽2-12-21
電話（編集）03-5395-3527　（販売）03-5395-3606　（業務）03-5395-3615
印刷所　図書印刷株式会社
製本所　株式会社国宝社

定価はカバーに表示してあります。
落丁本・乱丁本は、購入書店名を明記のうえ、小社業務あてにお送りください。
送料小社負担にてお取り替えいたします。
なお、この本についてのお問い合わせは、生活実用出版部　第一あてにお願いいたします。
本書のコピー、スキャン、デジタル化等の無断複製は著作権法上での例外を除き禁じられています。
本書を代行業者等の第三者に依頼してスキャンやデジタル化することは、たとえ個人や家庭内の利用でも著作権法違反です。

ISBN978-4-06-220148-3